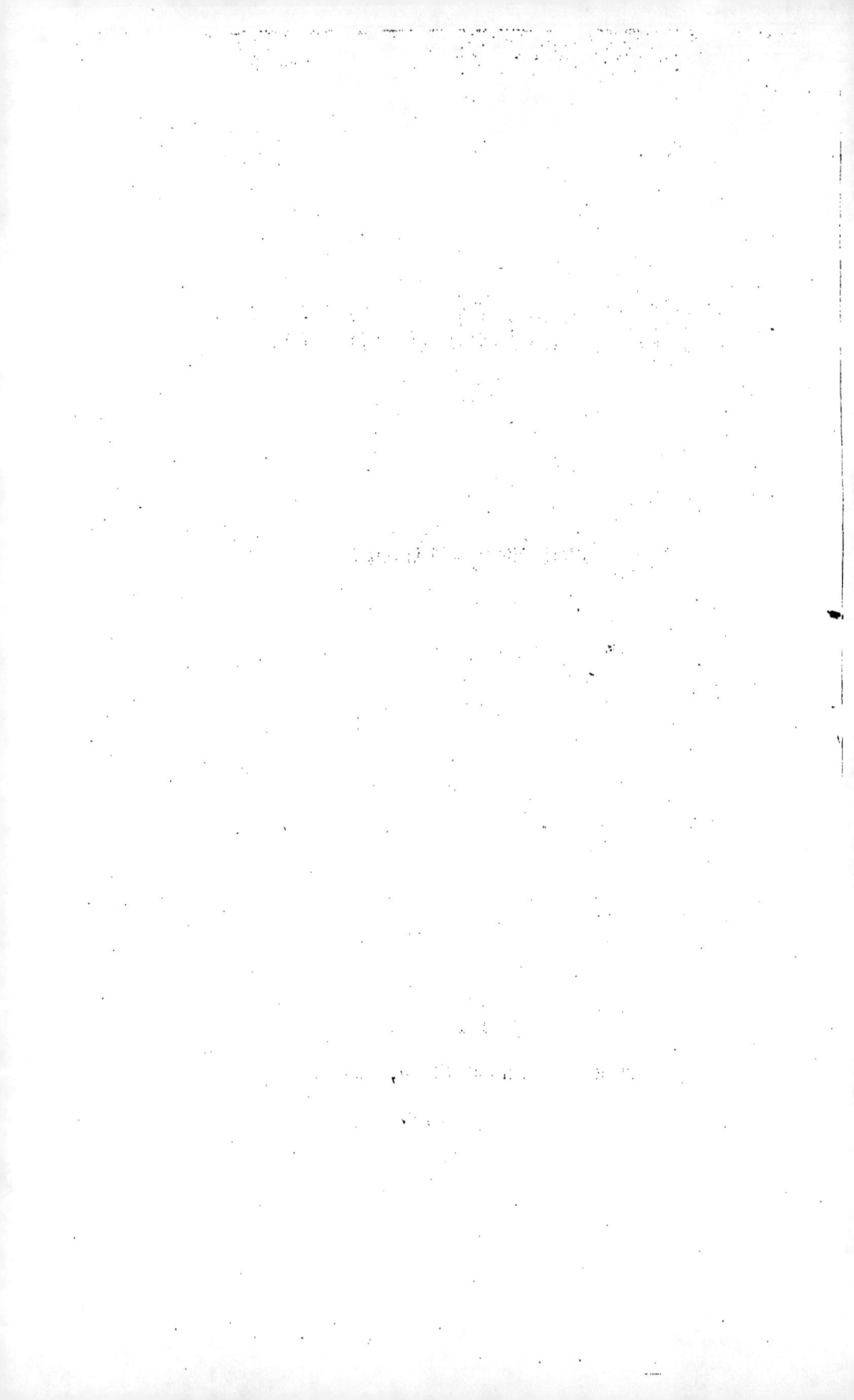

DE

TROIS ARTICLES DE LOIS

PLUS OU MOINS POLITIQUES,

Par Henri Giraud.

NIORT.

IMPRIMERIE DE ROBIN ET Cⁱᵉ, LIBRAIRES,

RUE SAINT-JEAN, 6.

DE TROIS ARTICLES DE LOIS

PLUS OU MOINS POLITIQUES.

Niort. — Imprimerie de Robin et Cie.

DE

TROIS ARTICLES DE LOIS

PLUS OU MOINS POLITIQUES,

Par Henri Giraud.

NIORT.

ROBIN ET Cie, LIBRAIRES ET LITHOGRAPHES,

RUE SAINT-JEAN, 6.

1846

DE TROIS ARTICLES DE LOIS

PLUS OU MOINS POLITIQUES.

———

Absorbé depuis dix ans par les travaux de ma
profession, je n'ai pu me préoccuper des hautes
questions de politique qui s'agitaient autour de nous,
et j'ai laissé passer le torrent des discussions par-
lementaires, sans même lui jeter une branche de
mon intelligence; mais il arrive un âge où l'homme
d'étude le plus modeste éprouve le besoin d'agrandir
et d'élever la sphère de son travail, où il comprend la
nécessité de connaître et de révéler à ceux qui l'en-
tourent les mystères de l'administration de son pays.

Le point de départ, la base du gouvernement, c'est
la législation politique; c'est là qu'il faut d'abord porter
ses investigations : je publie le fruit de mes méditations sur trois articles de lois épars dans trois Codes

différens, et qui ont, à divers degrés, le caractère politique.

Hier encore j'hésitais à faire imprimer cette brochure qu'on aurait pu considérer comme une manifestation tout intéressée, comme une espèce de sollicitation électorale, aujourd'hui je ne suis plus retenu par cette inquiétude, car je m'efface devant la candidature d'un ami.

Niort, 8 mai 1846.

HENRI GIRAUD.

D'un article de la loi électorale.

Notre gouvernement constitutionnel se compose de la combinaison de trois pouvoirs :

Le roi, dont la royauté se transmet héréditairement.

La chambre des pairs, dont les princes du sang font partie, par droit de naissance, et dont les autres membres sont nommés par le roi qui peut en créer un nombre illimité.

La chambre des députés, dont les membres sont choisis par les citoyens qui remplissent certaines conditions d'âge et de fortune.

Le député est donc plus particulièrement l'homme de la nation ; c'est d'elle qu'émanent directement ses pouvoirs ; mais la sincérité de cette origine est altérée par les étroites conditions qui font l'électeur, et sa pureté est encore ternie par le cumul des fonctions publiques avec le mandat parlementaire.

Le fonctionnaire public tient sa position du roi ; il

est l'homme du pouvoir exécutif, et cependant la loi l'admet à conserver ses fonctions au sein même de la chambre élective.

Il est vrai pourtant que la loi électorale, dans son article 64, prononce l'incompatibilité entre les fonctions de député et celles de préfet, sous-préfet, receceveur général, receveur particulier et payeur. Cet article ajoute que certains autres fonctionnaires qu'il désigne ne pourront pas être nommés dans les colléges compris dans le ressort de leurs fonctions. Quelque insuffisante que soit cette disposition de loi, la chambre des députés a repoussé toutes les propositions qui ont eu pour but d'étendre le cercle des incompatibilités. Cette réforme devient de plus en plus difficile, car le nombre des fonctionnaires députés augmente incessamment, et ils prennent aux délibérations de la chambre une part active, intéressée, lorsqu'on vient lui demander l'exclusion de quelques fonctionnaires.

La proposition de M. de Rémusat, que la majorité vient de rejeter eut été un grand progrès; cependant elle nous paraissait encore incomplète, et nous voudrions voir établir la loi sur une base plus large. Nous ne voudrions priver aucun fonctionnaire, qui remplirait les conditions d'éligibilité, du droit d'être élu député, mais du jour où le fonctionnaire aurait accepté ce mandat, nous voudrions qu'il fut considéré comme démissionnaire. Nous voudrions que, non-seulement pendant la législature à laquelle il prend part, mais encore pendant les deux années suivantes, le député ne pût occuper aucune fonction publique.

L'acceptation du mandat législatif impose à un grand nombre de députés des sacrifices d'intérêt privé ; on compromet souvent sa fortune et son avenir en abandonnant ses travaux agricoles, son commerce, ses affaires, sa clientelle.

Le fonctionnaire-deputé déserte bien aussi lui ses occupations, mais par un heureux privilége, il continue à percevoir les émolumens de sa charge. Si la place qu'il occupe n'est pas une sinécure, un travail utile est négligé, ou retombe à la charge des collègues et des inférieurs ; et pourtant, pendant les loisirs dorés de sa législature, vous voyez le député-fonctionnaire monter rapidement les degrés de l'avancement, ou bien, au mépris de tous les droits acquis, ce sont des députés complaisans ou convertis qui font leurs débuts dans la carrière des fonctions publiques, par l'audacieuse escalade des plus beaux emplois.

Aussi, au point de vue de l'égoïsme et de l'intérêt privé, je comprends bien que les fonctionnaires publics et ceux qui aspirent à le devenir, sollicitent avec autant d'ardeur le mandat législatif ; je comprends bien que ces nuages, qui pèsent sur notre atmosphère, répandent sur nous cette pluie de corruption qui doit servir à les recomposer.

Je ne veux pas soulever ici le voile dont l'inépuisable complaisance de la majorité a couvert les derniers faits de corruption révélés à la tribune ; que voulez-vous ! l'honnête homme s'indignerait en vain, une voix vénale a plus d'influence sur les destinées du pays que l'indignation des honnêtes gens.

Le mal est immense, la contagion se propage de jour en jour, l'air que nous respirons est empesté par le fléau ; à la chambre élective, personne n'ose nier la maladie, mais on repousse le remède, comme s'il n'était plus possible d'obtenir de guérison. La corruption serait donc devenue une peste incurable, et un hercule pourrait seul, détournant encore une fois un fleuve, rendre au pays la salubrité ?... Non, non, n'acceptons pas cette fatale perspective, ne perdons pas l'espoir des améliorations successives, et signalons aux hommes de bien la voie du progrès où nous voulons marcher avec eux.

La proposition de M. de Rémusat était un premier pas, un pas timide dans cette voie sublime du progrès; la loi que nous appelons de nos vœux y marcherait plus ferme et mieux assurée.

Dans le débat soulevé par la proposition Rémusat, on disait pour la combattre : C'est enchaîner le choix de l'électeur, c'est priver une classe de citoyens de l'honneur du mandat parlementaire. C'était là un faux semblant de libéralisme, c'était une mauvaise raison.

La loi n'a-t-elle pas le droit de faire ses conditions? La loi électorale, usant, abusant même de ce droit, n'a-t-elle pas enchaîné le choix de l'électeur, dont elle détermine d'ailleurs étroitement les conditions d'existence? Quelles que soient la capacité d'un homme, la confiance et l'estime qu'il inspire à ses concitoyens, ceux-ci ne pourront en faire leur représentant, si le hasard de la fortune ne l'a pas placé dans les conditions d'éligibilité.

Mais contre le système que nous avons indiqué, on ne pourrait plus invoquer une pareille objection; nous sommes loin de vouloir enchaîner le choix des électeurs que nous désirons voir plus libre au contraire. Nous n'entendons pas priver la chambre des lumières des hommes d'expérience, qui seraient revêtus de fonctions publiques, nous voulons que tout fonctionnaire, remplissant les conditions d'éligibilité, puissse être nommé député, seulement le député cesserait d'être fonctionnaire.

Mais le fonctionnaire ne voudra pas subir cette condition, il préférera conserver sa place; écoutez, celui qui n'aurait ambitionné la députation que dans son intérêt privé, ne voudra pas renoncer à ses fonctions, c'est vrai, et il refusera le mandat électif; mais acceptons, acceptons son refus, il voulait entrer à la chambre sous prétexte de servir le pays, et il était l'esclave de son intérêt privé.

Celui, au contraire, que guide l'intérêt public et qui sent en lui la force de se dévouer au bien de l'état, celui-là, soyez-en sûrs, a bien compris qu'il lui faudrait faire des sacrifices de toutes sortes, et il sacrifiera aussi la fonction publique dont il était revêtu.

Tant que le cens actuel d'éligibilité sera maintenu, le fonctionnaire qui paie 500 fr. d'impôts n'a pas besoin des émolumens de sa place, c'est pour lui du luxe, et ce sera peut-être le nécessaire pour son successeur. Lorsque l'on aura réduit, comme nous l'espérons, le chiffre de 500 fr., et fixé d'une manière plus large les conditions d'éligibilité, l'indemnité que

recevra alors le député lui permettra d'abandonner ses
fonctions.

Quant aux honneurs et à la considération qui s'atta-
chent aux fonctions publiques, si l'élu était obligé d'y
renoncer en entrant à la chambre, sa nouvelle position
ne fournirait-elle pas à son amour-propre une ample
compensation? il est vrai que, de nos jours, la députation n'honore pas par elle-même, mais c'est aux vices
et aux abus, qui corrompent l'élection, qu'il faut en im-
puter la faute; quels hommes serions-nous donc, si nous
honorions la position qu'on s'est préparée par la séduc-
tion, par les promesses menteuses, par les manœuvres
de toutes sortes. Mais vienne la sincérité de l'élection,
vienne l'indépendance de l'électeur, viennent la probité
et la dignité du candidat, l'élu aura conquis une position
qui laissera bien bas au-dessous d'elle tous les honneurs
qui sont dûs aux fonctions publiques.

Laissez-nous faire un beau rêve:
Une contrée va choisir un homme qui doit la repré-
senter au parlement. L'électeur se recueille et consulte
les inspirations intimes de sa conscience. Pas une voix
mendiante, pas une parole calomnieuse ne viennent
troubler le silence des méditations; pas de démarches
mystérieuses, pas d'entraînemens publics; le vote est
libre, libre, entendez-vous....

L'homme, que le plus grand nombre a choisi, se dé-
voue aux intérêts publics et consacre aux travaux de
la chambre son intelligence et sa parole. Il sait se dé-
gager de tous liens qui gêneraient la liberté de sa cons-

cience; il méprise les séductions du pouvoir, il échappe aux torrens des factions, il reste probe, indépendant....

Mais il a sacrifié ses intérêts privés, son bien-être, sa santé peut-être, abandonné une fonction publique lucrative et compromis son avenir.... Qu'importe! il n'en aura pas de regret. Sa conscience lui rendra bon témoignage, il aura acquis l'estime et la considération des hommes de bien; cela vaut mieux que le luxe et la fortune, cela vaut mieux qu'une toge et qu'une épée, cela vaut mieux que les broderies d'un habit.

D'un article politique du Code de procédure civile.

———

Liberté de la presse ! vains mots écrits dans la législation depuis plus d'un demi-siècle et qui n'ont jamais exprimé une réalité. Une autrefois peut-être nous jetterons un regard rétrospectif sur l'histoire de la presse depuis 1789 ; aujourd'hui, sans remonter si loin, nous prenons notre point de départ en 1830.

L'une des trois ordonnances du 25 juillet 1830 avait suspendu la liberté de la presse ; ce dût être le levier le plus puissant du soulèvement, car la presse était devenue pour nous un besoin, et c'est la sauvegarde des libertés publiques.

Quand le doigt sanglant d'une révolution eût effacé l'ordonnance du 25 juillet, la législation antérieure resta en vigueur ; c'étaient les lois de 1819 et de 1822, qui ont pour but la répression des crimes et délits commis par la voie de la presse et autres moyens de publication.

Mais ces lois de la restauration parurent bientôt

trop indulgentes, et cinq années s'étaient à peine écou-.
lées depuis 1830, lorsque fut promulguée la loi qui
vint ajouter une triste célébrité de plus au fatal mois
de septembre. On né peut lire de sang-froid la loi du
9 septembre 1835; des sommes énormes sont exigées
pour le cautionnement des journaux et peuvent s'élever jusqu'à 100,000 fr.; des amendes de cinq, dix,
vingt, cinquante mille francs, peuvent être pronon-
cées par les tribunaux cumulativement avec de longues
peines de prison et de détention. Si vous en avez le
courage, lisez cette loi, calculez ses peines, voyez la
procédure rapide qu'elle autorise et vous comprendrez
ce que peut produire un pareil instrument, dans des
temps agités, entre les mains d'un accusateur emporté
par son zèle.

Aux yeux de la loi de septembre une opinion, un
vœu, un espoir... constituent des délits, et la simple
qualification que prend un citoyen devient contre lui le
motif de sévères condamnations; prenons un exemple :

La loi du 7 août 1830 a placé sur le trône de
France, déclaré vacant, la personne d'un nouveau roi,
et ordonné que la couronne serait héréditairement
transmise dans sa famille, de mâle en mâle, par ordre
de primogéniture.

Le citoyen le plus indépendant est l'esclave le plus
soumis de la loi; respect donc, obéissance à cette loi
fondamentale du gouvernement constitutionnel.

Il est des hommes qui, adoptant, comme la loi du
7 août 1830, le principe de la royauté héréditaire,

veulent lui donner une base plus profonde et prendre son point de départ dans les siècles passés de notre histoire ; leur foi religieuse et leur conviction politique font de la succession légitime de tous nos rois une chaîne presque divine, dont on ne peut sans crime briser un anneau ; on les appelle légitimistes.

Nous respectons ces convictions, qui leur ont été transmises par leurs pères avec le sang dont ils s'enorgueillissent ; mais nous, qui n'avons pas vu le jour sous le noble toit d'un château blasonné et qui sentons affluer à notre cœur le modeste sang du peuple, nous suivons de bien autres principes. S'il nous était permis d'arrêter notre pensée sur le représentant du pouvoir exécutif, nous n'irions pas l'interroger sur ses aïeux ni sur ses droits héréditaires ; quand nous lui demandons d'où il vient, pourquoi il est là, et qu'il peut nous répondre : c'est la nation qui m'appelle.... nous lui obéissons.

Il en est qui, poussant ce principe démocratique jusqu'à ses dernières conséquences, n'admettent pas la transmission héréditaire du pouvoir exécutif ; au hasard de la naissance, ils veulent substituer l'examen de l'élection ; on les nomme républicains.

Hélas ! ces deux mots, *légitimistes* et *républicains*, sont souvent sortis de bouches menteuses, pour servir d'odieux marchepied à des ambitions personnelles. Tel, qui s'est posé en homme hostile, n'avait d'autre but que de vendre plus cher au gouvernement son dévouement et ses services. Combien d'hommes qui ont prêché l'égalité voulaient s'emparer du niveau pour abaissser

2

es autres et s'élever à leur place : maudits soient ceux-là !... ils sont la ruine du parti qu'ils ont traversé, et la honte de celui qui les accueille.

Mais il est des hommes consciencieux et indépendans qui se sont dévoués par conviction au culte de l'un ou de l'autre des deux principes que nous avons posés. C'est dans les belles pages de l'histoire des peuples qu'ils nous font lire le passé de ces deux grandes théories ; dans l'avenir ils nous montrent leurs drapeaux, non pas sortant en lambeaux d'une lutte à main armée et couverts du sang des citoyens égorgés par leurs frères, mais soulevés purs et sans taches par le souffle paisible des convictions qu'ils ont répandues.

Ceux-là, quelque opinion que soit la vôtre, n'insultez pas à leurs convictions, accueillez sans indignation leurs confidences, quand ils viendront vous dire : je suis légitimiste ou je suis républicain. Mais prenez garde, la loi de septembre est là qui les écoute et qui va les punir ; celui qui aura pris l'une ou l'autre de ces deux qualifications, soit par la voie de la presse, soit verbalement, celui qui aura même à cet égard exprimé un vœu, un espoir.... Vite, vite, citation à 3 jours, 5 ans de prison, 6,000 francs d'amende.

Voilà la loi de septembre dans une de ses applications les plus indulgentes, et l'on comprend ce que veulent dire aujourd'hui ces mots sonores: liberté de la presse.

Mais la presse est libre, dit-on, seulement il faut distinguer entre la bonne et la *mauvaise* presse ; la première on la laisse libre, la seconde on l'étouffe comme un serpent.

Lisez plutôt au Moniteur l'étrange théorie de liberté de la presse que développait, le 24 août 1835, en discutant la loi de septembre, M. de Broglie alors président du conseil :

« C'est le caractère essentiel de la loi qu'elle n'en-« tend ni régler, ni restreindre, ni gêner la discussion « sur les points où la discussion est *permise ;* qu'elle « entend seulement *interdire* la discussion sur les points « où, *selon nous,* elle n'est pas *permise.* » Plus loin il ajoutait que les peines qu'il proposait n'étaient pas seulement *répressives,* mais *suppressives ;* qu'elles étaient destinées à rendre la récidive impossible, par exemple à opérer la *suppression* d'un journal, si c'est un journal qui a commis le délit.

M. Guizot, alors ministre de l'instruction publique, disait dans la séance du 28 août : nous voulons, non pas *punir,* non pas *améliorer,* mais *supprimer,* mais *anéantir* la mauvaise presse.

C'est cette proposition, ainsi exposée, ainsi développée dans son but et dans ses conséquences qui est devenue la loi du 9 septembre 1835.

Sous les coups de cette loi inexorable, la liberté de la presse devait rendre le dernier soupir ; elle était tombée agonisante, mais le râle qui s'échappait de sa puissante poitrine faisait encore trembler ses bourreaux.

La presse indépendante des départemens se pliait avec peine sous ce joug de fer ; forcée d'abandonner le terrain déjà fort restreint qui était précédemment tracé à la discussion, elle se jeta avec une nouvelle ardeur sur les étroits espaces que n'avait osé murer la loi de septembre. Il lui restait encore une belle mission à remplir : stigmatiser les abus, révéler les manœuvres ténébreuses, purifier les élections.

Il fallait un dernier coup pour anéantir la *mauvaise* presse des départemens. Ce ne sera pas un coup de massue, donné audacieusement et en plein jour, comme en 1835 ; on fera un grand détour, on s'approchera d'elle clandestinement ; si elle voit venir, on lui sourira, on lui tendra la main, et un coup de stylet, porté dans l'ombre, tarira en elle les sources de la vie.

C'est dans un article du Code de procédure civile, que nous trouvons cachée cette arme empoisonnée qui complète l'œuvre de la loi de septembre, et anéantit la presse indépendante des départemens.

La plus grande partie des journaux de départemens ne peuvent, avec leurs abonnemens, compenser leurs frais de rédaction, d'impression, de cautionnement, de timbre, de poste, etc., et c'est dans le produit des annonces qu'ils trouvent le soutien de leur existence.

Dans le temps de concurrence où nous vivons, la publicité est souvent devenue un élément de prospérité commerciale, et les annonces ont pris, dans toute la France, un grand développement ; il est d'ailleurs un grand nombre de cas où la publication par la voie de la presse est indispensable, et la loi elle-même a ordonné d'insérer dans les journaux certains actes qui doivent être portés à la connaissance du public.

Ainsi la loi commerciale exige la publication par les journaux, des actes de société, des déclarations de faillite, etc. La loi civile impose la même obligation pour les saisies immobilières, les surenchères sur aliénation volontaire, les ventes des biens de mineurs, des biens d'une succession bénéficiaire, des immeubles dotaux, des immeubles de faillis, des ventes sur saisies de meubles, de fruits, de rente, des séparations de biens, etc. C'est là ce qu'on appelle les annonces légales.

Les annonces légales sont le plus souvent d'une grande étendue, et par conséquent d'un grand produit pour les journaux qui en perçoivent le prix à tant la ligne, sans augmenter en rien leurs dépenses; ces annonces intéressant un grand nombre de personnes, elles attirent nécessairement aux journaux des abonnés et des annonces diverses.

Les journaux de départemens trouvent donc dans les annonces légales un élément essentiel de leur existence, et si, de deux feuilles rivales, l'une recevait toutes les annonces, ce serait pour son adversaire un coup mortel. Pour éteindre le dernier soupir de la *mauvaise* presse des départemens, il suffisait donc de la priver des annonces légales.

Déjà en 1833, le gouvernement avait fait une première expérience de cet habile moyen: l'art. 42 du Code de commerce de 1807, tout en ordonnant la publication de certains actes de société, n'avait pas prescrit leur insertion dans les journaux ; cette omission avait été réparée par un décret de 1814, mais la cour de cassation décida en 1831 que ce décret était inconstitutionnel ; le gouvernement proposa alors et fit adopter une loi du 31 mars 1833 qui, modifiant l'art. 42 du Code de commerce, prescrit l'insertion dans un journal des actes de société, et *confie aux tribunaux de commerce le soin de désigner, chaque année, un ou plusieurs journaux où ces insertions devront être faites.*

Lors de la discussion de cette loi, à la chambre des députés, quelques voix indépendantes s'élevèrent pour protester contre le monopole qu'on allait établir, mais la chambre ne voulut pas comprendre ce langage, et elle passa outre, sans se préoccuper du lien intime qui rattachait cette question à la grande question de la liberté de la presse.

Sans doute les insertions des actes de société ne sont pas en général d'un grand produit pour un journal, et cette loi n'aurait pu suffire pour ruiner la presse des départemens ; mais c'était un premier pas, un point de départ, un exemple pour disposer également plus tard des autres annonces légales. Ainsi déjà, en 1838, lorsqu'on s'occupa de la loi des faillites, l'art. 442 de cette loi renvoya pour les publications au mode de l'art. 42, modifié par la loi de 1833.

Il est fort important pour un journal d'être chargé des annonces de sociétés et de faillites, qui lui procurent nécessairement beaucoup d'abonnés dans le

commerce, et par suite, un grand nombre d'annonces commerciales.

Les tribunaux de commerce disposent donc d'une
grande puissance sur les journaux de leurs ressorts,
qu'ils peuvent à leur gré enrichir ou priver de ces
annonces.

Au moins, dit-on, la politique sera étrangère à
cette désignation, car les tribunaux de commerce sont
électifs; c'est vrai, les juges consulaires sont élus par
des commerçans, mais cette élection n'est qu'un leurre,
car ce sont les préfets qui choisissent suivant leur bon
plaisir, le petit nombre de commerçans notables qui
seuls ont le droit d'élire.

D'après l'art. 619 du Code de commerce, la liste
des notables doit être dressée sur tous les commerçans de l'arrondissement par le préfet, et approuvée
par le ministre de l'intérieur. Leur nombre peut être
réduit à 25 électeurs pour 15,000 âmes de population
dans la ville, augmenté d'un électeur par chaque mille
âmes; ainsi, dans une ville commerçante de 20,000
âmes, trente personnes choisies par le préfet, auront
le droit d'élire les juges de tous les commerçans de
l'arrondissement.

Au moins, les préfets devraient-ils, en faisant ce
choix, oublier pour un instant la politique, et composer
cette liste des commerçans les plus honorables dans tous
les rangs, dans toutes les classes de la société, dans tous
les genres d'industries. Mais, en vérité, est-ce bien ainsi
que les choses se passent, et peut-on dire que les juges
consulaires soient les véritables élus du commerce?

Comme le disait Garnier-Pagès, dans la discussion de la loi de 1833, quoique les tribunaux de commerce soient électifs, leur choix est pourtant jusqu'à un certain point à la disposition des préfets, qui ne portent sur la liste des notables commerçans, que ceux qu'ils trouvent *notables*.

Le succès qu'avait obtenu le gouvernement au sujet des annonces commerciales l'encouragea dans la pensée de proposer l'application du même système à toutes les annonces judiciaires; et une occasion toute naturelle lui fut offerte dans le projet qui avait pour but la modification du Code de procédure en ce qui concerne la vente jndicaire des biens immeubles.

L'article 683 du Code de procédure civile, promulgué en 1806, ordonnait la publication de la saisie, de l'adjudication, etc., dans l'un des journaux de la ville, et, à défaut, du département; mais le choix appartenait à celui qui faisait l'insertion, et la libre concurrence existait entre tous les journaux, quelque fussent leurs doctrines politiques.

Cet état de choses avait duré depuis 1806 jusqu'en 1841, sans soulever la moindre objection, sans produire le moindre inconvénient. Sous la restauration, quelques personnes avaient eu l'idée de détruire cette libre concurrence et de créer un monopole pour les insertions légales. L'entrepreneur d'un journal proposa au secrétaire-général du ministère de la justice de lui assurer 25,000 fr. de revenu s'il voulait faire admettre une loi dans ce sens, et lui faire attribuer les insertions

légales de Paris. Personne alors n'osa se charger d'une
pareille proposition de loi, et M. de Peyronnet répon-
dit toujours par une refus formel aux sollicitations qui
lui furent adressées à ce sujet.

Cependant le gouvernement de 1830, enhardi par
les lois de 1833 et de 1838, ne craignit pas de comprendre dans les modifications qu'il proposait au Code
de procédure civile, celle de l'article 683, et de demander la substitution du monopole à la concurrence ;
mais le ministre protestait en même temps de la pureté
de ses intentions, et jurait qu'il ne s'agissait que d'un
humble texte d'une loi de procédure, et non point d'un
article égaré du Code de la presse.

En vain les orateurs de l'opposition s'élevèrent-ils
avec énergie contre une pareille proposition, en vain
signalèrent-ils les conséquences qui en résulteraient
pour la presse des départemens, la dernière partie de
l'article 696 fut adoptée en ces termes:

« Les Cours royales, chambres réunies, après un
« avis motivé des tribunaux de première instance res-
« pectifs et sur les *réquisitions* écrites du *ministère pu-*
« *blic*, désigneront *chaque année* dans la première quin-
« zaine de décembre, pour chaque arrondissement de
« leur ressort, parmi les journaux qui se publient dans
« le département, un ou plusieurs journaux où devront
« être insérées les *annonces judiciaires;* les Cours roya-
« les régleront en même temps le tarif de l'impression
« de ces annonces. »

Cette disposition du Code de procédure civile, dont
on connait désormais l'origine, le but et la portée,

a produit, pour la presse des départemens, les résultats que le gouvernement s'était proposé d'obtenir.

Ce n'est pas qu'on veuille nier ici l'indépendance de la magistrature, et considérer tous les membres des Cours royales comme des agens politiques du gouvernement ; si une Cour royale avait à juger un journal politique, elle aurait sans aucun doute la force d'imposer silence à ses préventions, et de rendre bonne et impartiale justice. Mais s'il ne s'agit pas d'un procès à juger, s'il s'agit uniquement d'un choix à faire, pour lequel aucune règle écrite, aucun principe tracé dans la loi ne viennent restreindre le pouvoir arbitraire de la Cour, les magistrats se laissent aller au courant de leurs opinions politiques, et il arrive presque toujours, que la feuille ministérielle est désignée à l'exclusion du journal indépendant qui doit en mourir. Si, quelquefois, un journal d'une opposition modérée est désigné par la Cour pour concourir aux annonces légales, vous le voyez bientôt pâlir de plus en plus, modérer son langage, affaiblir ses doctrines, dans l'espoir de conserver la bienveillance de la magistrature, et d'obtenir encore, l'année suivante, la précieuse désignation.

C'est ainsi qu'un article du Code de procédure civile achève l'œuvre de la loi de septembre ; c'est ainsi que, sous cette influence pernicieuse, succombe ou se décolore la presse indépendante des départemens.

D'un article quasi-politique du Code d'instruction criminelle.

L'institution du jury pour le jugement des affaires criminelles est une magnifique théorie ; mais l'application du jury à toutes les affaires politiques émane d'un principe plus élevé encore, et c'est là le dernier refuge de nos libertés publiques. Pourquoi faut-il que, dans un grand nombre de cas, ce lieu d'asile nous ait été fermé par la loi de septembre, qui attribue à la chambre des pairs les faits, les écrits, les paroles, les tendances qu'on voudra qualifier attentats à la sûreté de l'état. Le jury lui-même n'offre pas toujours les garanties d'indépendance qu'exige l'impartialité de la justice ; en effet, la composition de la liste des jurés de chaque session, qui semble avoir été remise aux chances aveugles du hasard, dépend en quelque sorte des préfets, qui, de leurs mains politiques, tracent le cercle dans lequel peut s'étendre le tirage au sort.

La liste des citoyens aptes à remplir les fonctions de jurés se divise en deux parties.

La première comprend ceux qui composent les colléges électoraux du département. Dans la seconde, figurent : les fonctionnaires publics nommés par le roi et exerçant des fonctions gratuites; les officiers de terre et de mer en retraite, jouissant d'une pension de 1,200 fr. au moins et ayant, depuis cinq ans, leur domicile réel dans le département; les docteurs et licenciés de l'une ou de plusieurs facultés de droit, des sciences et des lettres; les docteurs en médecine, les membres et correspondans de l'Institut, les membres des autres sociétés savantes reconnues par le roi; les notaires, après trois ans d'exercice de leurs fonctions.

Une chose étrange, c'est que ces hommes que la loi criminelle appelle à remplir les fonctions de jurés, la loi électorale ne leur permet pas de prendre part aux élections; c'est en vain que, pour faire un premier pas vers la réforme électorale, on a plusieurs fois proposé à la chambre élective de leur accorder ce droit, nos législateurs plaçant la propriété au-dessus de l'intelligence, ont refusé droit de bourgeoisie à la capacité.

Ces listes du jury ainsi formées, les préfets doivent en extraire, à la fin de chaque année, *sous leur responsabilité*, une liste de service pour l'année suivante. Cette liste, composée du quart des listes générales, sans pouvoir excéder trois cents noms, est envoyée à la Cour royale. Dix jours, au moins, avant l'ouverture de chaque session d'assises, le premier président tire au sort trente-six noms, indépendamment de quatre jurés supplémentaires pris parmi les habitans de la ville où siége la Cour d'assises.

Les citoyens qui figurent sur la liste envoyée à la Cour, ne pourront y être portés, l'année suivante, quelqu'ait été, pour eux, le résultat du tirage au sort. Cette prescription de l'article 387 du Code d'instruction criminelle, qui pourrait souvent être violée sans que la partie intéressée s'en aperçut, est la seule règle que la loi ait imposée aux préfets pour l'accomplissement d'un acte aussi important de leur administration.

Ainsi les préfets portent qui bon leur semble sur la liste qu'ils adressent à la cour royale; si les temps sont calmes, ils peuvent éviter à leurs amis les chances d'un déplacement onéreux; et si l'horison politique se charge de nuages, rien ne les empêche de composer la liste de service de leurs plus fidèles électeurs.

Si cette charge publique était équitablement répartie, les citoyens inscrits sur les listes générales ne seraient appelés qu'à de longs intervalles à remplir les fonctions de jurés. Dans le département des Deux-Sèvres, par exemple, si 300 noms étaient annuellement extraits par le préfet jusqu'à épuisement des listes générales, qui en contiennent environ 2,000, chaque juré ne devrait figurer que tous les six ans sur la liste adressée à la cour. Et encore ces 300 jurés ne devant concourir qu'au tirage de 36 noms par trimestre, la moitié d'entr'eux seraient libres pendant six autres années, sans avoir pris part à aucune des quatre sessions d'assises.

Aux États-Unis, le tirage se fait d'une manière plus équitable encore, et chacun remplit à son tour les fonctions de juré; une boîte fermée à clef et sur laquelle on pratique une légère ouverture, contient les noms de tous les jurés écrits sur des bulletins; elle reste déposée à la municipalité de la ville où siègent les assises.

Le tirage a lieu dans une salle de la mairie, quatorze jours avant celui où le jury doit s'assembler, et le tirage est annoncé au moins quinze jours d'avance par des affiches et des publications.

Au jour indiqué le greffier de la municipalité procède publiquement. Il fait sortir de la boîte 36 noms qui sont aussitôt inscrits sur une liste et les bulletins sont jetés à mesure dans une seconde boîte, en tout conforme à la première. A chaque tirage on puise dans celle-ci jusqu'à ce qu'elle soit vide, et alors le tirage se fait avec la seconde (Béranger, de la Justice criminelle, p. 165.)

De cette manière, chaque citoyen vient à son tour supporter le poids de cette honorable mission, et le hasard seul donne à l'accusé ses juges.

Au lieu de cela voyez ce qui se passe dans nos départemens; il est des citoyens qui ne sont jamais appelés à remplir les fonctions de jurés, et d'autres sont obligés de les subir quatre et cinq fois dans dix ans.

Il faut donc que la liste de service ait ses privilégiés et ses victimes; les uns qu'elle oublie par faveur peut-être, et qu'elle réserve pour les temps d'orage; les autres qu'elle repousse toujours comme suspects; et d'autres enfin, dont elle s'est rendue, on ne sait pourquoi, les noms familiers et dont elle épuise la complaisance.

Sans doute, c'est une belle mission que celle du juré, et chacun doit tenir à honneur de venir à son tour remplir ces fonctions; mais, pour un grand nombre d'hommes, le déplacement entraîne, indédamment des frais, des pertes considérables. Propriétaire, commerçant, agriculteur, médecin, notaire, on n'abandonne pas sans inconvéniens sa maison pendant dix à quinze jours, et c'est une injustice d'imposer à un citoyen, tous les deux ou trois ans, une charge qu'il ne devrait régulièrement supporter qu'à de bien plus longs intervalles.

Voilà au point de vue de l'équité la plus simple, du bon sens le plus vulgaire, les conséquences de l'article 387 du Code d'instruction criminelle; mais cet article, modestement caché dans ce Code, peut s'élever quelques fois au-delà de la sphère de cette loi de procédure, et planer à la hauteur des lois politiques; c'est sous ce rapport que nous avons dû le signaler, dans l'espoir d'une modification.

J'entends dire que cet article a déjà subi, en 1827, un changement important et que le texte actuel est une notable amélioration au système plus arbitraire encore qu'avait créé le Code d'instruction criminelle de 1808. Qu'importe! si cette amélioration est incomplète et insuffisante, pourquoi s'y arrêter? Quand une voie d'équité et de liberté s'ouvre devant nous, il faut y marcher d'un pas ferme. S'il s'agit d'aller en arrière, si l'on nous entraîne dans les ténèbres, arrêtons-nous. Mais si nous avons devant nous de l'espace, si nous allons à la lumière, marchons.

www.ingramcontent.com/pod-product-compliance
Lightning Source LLC
Chambersburg PA
CBHW060521210326
41520CB00015B/4258